Dieses Buch gehört:

....

Die tollste Fußballmannschaft der Welt

beim Tierarzt

Eine Geschichte von Irene Margil
mit Bildern von Markus Grolik

Ich lese die längeren Texte auf der linken Seite. Ich bin schon neugierig auf die Geschichte.

Ich lese die kurzen Texte auf der rechten Seite. Ich bin auch gespannt auf die Geschichte.

Ich erkläre Wörter oder gebe Tipps zur Geschichte.

© Carlsen Verlag GmbH, Völckersstraße 14–20, 22765 Hamburg 2019
ISBN 978-3-551-06855-2
Lektorat: Steffi Korda, Büro für Kinder- und Erwachsenenliteratur, Hamburg
Umschlaggestaltung, Layout und Herstellung: Christiane Hahn
Umschlag- und Innenillustrationen Band 1: Jan Birck
Umschlag- und Innenillustrationen Band 2, 3 und 4: Markus Grolik
Konzept Gemeinsam lesen: Irene Margil

FSC
MIX
Papier aus verantwortungsvollen Quellen
www.fsc.org
FSC® C002795

CARLSEN-Bücher gibt es überall im Buchhandel und auf www.carlsen.de

INHALTSVERZEICHNIS

Gemeinsam lesen ist eine super Sache –
mit deinen Eltern,
mit deinem Freund,
mit deiner Schwester,
mit deinem Bruder,
mit deiner Oma,
mit deiner Schulfreundin,
mit deiner Schulklasse ...
Mit wem liest du am liebsten gemeinsam?

EINE BÖSE ÜBERRASCHUNG

Im Park ist viel los.
Radfahrer, Spaziergänger und
Jogger teilen sich die schmalen Wege.
Manche Leute sitzen auf einer Decke
und machen ein **Picknick**.
Drei ältere Jungs hocken auf einer Bank.
Sie klirren mit Flaschen.
Basti trainiert mit der tollsten Fußballmannschaft
der Welt auf der kleinen Wiese.
Robert und Lasse fehlen heute.
Lasse liegt mit Fieber im Bett.
Robert tut das Knie weh.
Sein Pudel Puschel trainiert aber mit.
Puschel jagt wie immer hinter Flummi her.
Flummi ist der Hund von
Bastis Nachbarin Frau Petersen.
Bei jedem Sprung fliegen Flummis Ohren
rauf und runter. ▸

Basti wedelt wild mit den Armen.
„Hierher, Fabio! Zu mir!", ruft er.
„Gib schon ab", brüllt Basti.

Das Wort Picknick ist englisch
und besteht aus zwei Wörtern:
pick/etwas aufpicken und nick,
das bedeutet Kleinigkeit.

Aber Fabio konzentriert sich ganz auf sein Kunststück.
„Toll, was Fabio alles kann!", staunt Mara im Tor.
„Abgeben!", brüllt Tim von seinem Tor aus.
Flummi hüpft und hüpft. Puschel läuft hin und her.
Plötzlich stoppt Fabio seinen Trick.
Blitzschnell donnert er den Ball
direkt auf Maras Tor.
Mara steht auf der falschen Seite.
Sie hat keine Chance, den Ball zu halten.
Fabio lacht und jubelt. „Ausgleich! 4:4."
Auch Basti und Tim freuen sich.
„Du Schlitzohr, du hast uns alle getäuscht!",
sagt Basti und klatscht mit Fabio ab.
Flummi zappelt mit beiden Vorderbeinen in der Luft.
Puschel macht es ihm nach.
„Das ist mein Spezial-Trick", grinst Fabio. ▸

Mara ärgert sich.
Wieso ist sie darauf reingefallen?
Warum hat sie sich
ablenken lassen?
Wieder klirren Flaschen.

11

„Na wartet! Wir holen uns die Führung zurück!",
sagt Milla und schnürt schnell ihre neuen
Fußballschuhe fester.
Aber Basti ist hellwach.
Als Mara den Ball zu Milla wirft,
stellt er sich direkt vor Milla.
Der Ball fliegt auf beide zu.
Basti springt, so hoch er kann.
Er erreicht den Ball mit dem Kopf.
Sein Kopfball landet direkt in Maras Tor.
„Treffer!", ruft er und reibt sich den Kopf.
„5:4!", rufen Fabio und Ben im Chor.
„Mist!", ärgert sich Mara.
Diesmal schießt sie den Ball zu Ben.
Ben passt zu Flummi nach vorn.
Flummis Vorderpfoten treiben den Ball
weiter Richtung Tim.
Tim erwartet Flummi im Tor. ▸

Flummi ist schnell.
Basti kann ihn nicht aufhalten.
Plötzlich stoppt Flummi.

Die Kinder spielen nach eigenen Regeln.
Nach den Regeln auf einem großen
Feld gäbe es nach einem Tor natürlich
Anstoß von der Mittellinie.

Tim lässt sich nicht so leicht ablenken.
Er zappelt mit dem Rolli im Tor hin und her.
„Was machst du denn da?", fragt Basti.
Fast hätte er Flummi überrannt.
Auch Puschel bremst aus vollem Tempo. Er rutscht
mit ausgestreckten Pfoten über den Rasen.
Seine Krallen bohren sich in den Boden.
Seltsam. Flummi rast immer bis ganz nach vorn.
Fabio vermutet, dass Flummi keine Lust mehr hat.
„Lasst uns eine Pause machen", schlägt er vor.
Basti schaut Flummi liebevoll an und fragt:
„Magst du einen Keks?"
Tim wartet immer noch aufmerksam im Tor.
„Das ist bestimmt auch so ein besonderer Trick",
vermutet er. „Gleich rast er auf mein Tor los!"
Fabio lacht. „Meinst du, Flummi kann auch
einen Spezial-Trick?" ▸

Basti hockt sich zu Flummi.
Flummi hechelt.
Sein Körper zittert.
Flummi fiept leise.
Jetzt leckt er sich die linke Pfote.

15

Basti winkt alle hektisch zu sich.
„Mit Flummi stimmt was nicht!", ruft er.
Mara kommt aus dem Tor.
Fabio und Milla laufen los.
„Wuff-wuff", bellt Puschel und kreist um Flummi.
Auch Tim rollt herbei.
Er streckt Flummi einen Keks entgegen.
Aber Flummi fiept nur und leckt an der Pfote.
„Was ist passiert?", fragt Tim.
Direkt vor Flummi liegt eine grüne Glasscherbe.
Daneben entdeckt Basti kleinere Glassplitter.
Sie sind zwischen den Grashalmen kaum zu sehen.
Plötzlich ist Mara ganz aufgeregt.
Unter Flummis weißem Fell blutet etwas!
Bestimmt hat Flummi sich an einer Scherbe
geschnitten.
Sie müssen schnell etwas tun. ▶

Mara nimmt ihr Halstuch ab.
Sie hockt sich zu Flummi.
Flummi darf nicht
zu viel Blut verlieren!

17

SCHNELL ZUM TIERARZT!

Mara nimmt Flummis Vorderbein.
Der Hund zieht die Pfote zurück.
Fabio hilft und hält Flummis Bein fest.
Mara verbindet die Pfote.
Basti ruft Frau Petersen an.
Er ist aufgeregt. Wird sie böse sein?
Seine Nachbarin ist unterwegs
und kann nicht sofort kommen.
Sie sollen Flummi schnell zu dem Tierarzt
in der Nachbarschaft bringen.
Frau Petersen will sich beeilen
und dorthin nachkommen.
Zum Glück ist Fabio mit seinem Eis-Bus da!
Er kann Basti, Flummi, Milla und Tim mitnehmen.
Für schwere Transporte hat Fabio immer
eine **Rampe** dabei.
Über die kann Tim leicht in den Wagen rollen.
Basti sitzt mit Flummi auf dem Schoß vorn. ▾

Mara und Ben fahren
mit dem Fahrrad hinterher.
Der Tierarzt ist nur ein paar
Straßen entfernt.
Mara kennt den Weg.
Direkt über dem Tierarzt
ist ihr Zahnarzt.

Über eine **Rampe**
kann man Dinge
hochschieben.

19

Flummi zittert immer noch und hechelt.
Auf der Fahrt streichelt Basti ihn pausenlos.
Hätte er besser auf Flummi aufpassen müssen?
Frau Petersen freut sich jedes Mal,
wenn Basti Flummi zum Training abholt.
Viel Bewegung tut ihm gut, findet sie.
Und jetzt das!
Aber wie hätte Basti das verhindern können?
Er konnte ja nicht ahnen, dass diese Splitter
im Gras liegen.
Die Binde ist schon rot von Flummis Blut!
„Wie lange dauert das denn noch?", fragt Basti.
„Noch einmal um die Ecke", beruhigt ihn Fabio.
„Hier ist es", sagt Milla, als sie bei der Praxis
ankommen.
Sie haben Glück. Der Parkplatz davor ist leer.
So können sie direkt vor der Tür anhalten. ▸

Basti steigt aus.
Er trägt Flummi auf dem Arm.
Hoffentlich kann der Doktor
schnell helfen.

Als Basti klingelt, bemerkt er einen Zettel
an der Tür. Darauf steht:
Die Praxis bleibt bis Montag geschlossen.
Ratlos setzt sich Basti mit Flummi auf die Treppe.
Milla schimpft laut. Wenn sie richtig sauer ist,
spricht sie plötzlich polnisch. So wie jetzt.
Dann wundert sie sich manchmal, dass sie niemand
versteht. Aber ihr knallroter Kopf und ihre
Handbewegungen zeigen auch ohne Worte,
dass sie gerade sehr, sehr wütend ist.
Es dauert eine Weile, bis Tim herausfindet,
dass der nächste Tierarzt in einem anderen
Stadtteil ist.
In diesem Moment kommen Mara und Ben
angeradelt. ▸ ·······

Tim erklärt den beiden
und Fabio den Weg zu der Praxis.
Ben und Mara fahren los.
Beim Einsteigen zurück in
Fabios Wagen fiept Flummi.

„So ein Mist" heißt auf Polnisch
übrigens „Takie bzdury".

23

„Heile, Flummi, heile.
Der Flummi hat vier Beine.
Er hat einen weißen Schwanz.
Und morgen ist er wieder ganz",
dichtet Milla.
Flummi schaut sie fragend an.
Jetzt singt auch Fabio mit.
„Heile, Flummi, heile."
Basti betrachtet die andere Vorderpfote von Flummi.
Jede Zehe hat einen Ballen,
wie ein kleines Kissen aus dicker Hornschicht.
Damit läuft er über heißen Asphalt und über
gefrorenen Boden.
Über glatte Flächen und über spitze Felsen.
Aber eine scharfe Scherbe kann ihn stoppen.
Schnittwunden bluten und schmerzen genauso wie
kleine Splitter, die tief in der Haut stecken bleiben. ▸

Lässt Frau Petersen Flummi
weiter mit ihnen spielen?,
überlegt Basti.
Flummi gehört doch zur
tollsten Fußballmannschaft der Welt.

Alle Parkplätze vor der zweiten Tierarztpraxis
sind besetzt.
Fabio lässt alle aussteigen und will nachkommen,
sobald er einen Parkplatz gefunden hat.
Als sie das Wartezimmer betreten,
schlägt ihnen ein beißender Geruch entgegen.
Basti will am liebsten sofort umdrehen.
Auch Tim rümpft die Nase und rollt neben Basti.
„Das ist ganz normal", erklärt Milla.
„Auch Tiere schwitzen, wenn sie Angst haben."
Sie streichelt Flummi und geht zum Empfang.
Zehn Leute warten auf die Behandlung ihrer
Haustiere.
In dem Moment betreten Fabio, Mara und Ben
die Praxis.
Die Arzthelferin bittet Milla, nur mit dem Hund zu
bleiben. ▸

Basti und alle anderen
sollen draußen warten.
Milla protestiert:
„Das geht nicht!
Basti ist Flummis
bester Freund!"

ANMELDUNG

Basti darf mit Milla bleiben.
Zusammen warten sie nun,
bis sie vom Arzt aufgerufen werden.
Aus zwei Boxen hören sie jämmerliches Miauen.
„Dummkopf!", sagt jemand hinter ihnen.
„Wie bitte?", fragt Milla und dreht sich um.
„Das ist doch wohl eine Frechheit!"
Hinter Milla sitzt ein Mädchen. Sie zuckt mit
der Schulter, auf der ein Papagei sitzt.
„Dummkopf!", wiederholt der bunte Vogel.
Gegenüber sitzt ein Mann mit langem Bart.
Die schwarzen, lockigen Barthaare sehen
genauso aus wie das Fell seines Hundes.
Daneben sitzt eine Frau in einem gelben Kleid.
Ihr Hündchen auf dem Schoß trägt eine gelbe Schleife.
Ein Koi-Karpfen in einer Glaskugel schließt und öffnet
sein Maul ohne Pause.
Ein Kaninchen knabbert an seiner Kiste. ▸

Außerdem warten
noch ein Wellensittich,
ein Pudel, ein Hamster
und eine Spinne!

29

EINFACH VERGESSEN!

Die Spinne gehört zu dem Jungen direkt neben Basti.
Basti staunt über ihre dicken, behaarten Beine.
„Hat dein Hund auch was am Bein?", fragt der Junge.
Er schaut auf Flummis Verband.
Basti nickt nur.
Irgendwie ist ihm der Spinnenjunge unheimlich.
Niemals würde er eine Spinne als Haustier wählen.
Flummis Kopf liegt ruhig auf Bastis Arm.
Eine Weile bewegt er nur seine Augen.
Hin und wieder fiept er. Plötzlich schreckt er hoch.
Der Arzt kommt mit einem Zettel ins Zimmer.
„Wir haben hier eine blutende Wunde?", fragt er.
Er winkt Milla, Basti und Flummi zu sich.
Endlich! Bald wird es Flummi besser gehen.
Da fällt Basti ein, dass er unbedingt Frau Petersen
anrufen muss. Er muss ihr sagen, wo sie jetzt sind.
Das hat er in der ganzen Aufregung total vergessen! ▶

Aber jetzt ist es zu spät.
An der Tür zum Arztzimmer
hängt ein Schild:
Handy verboten!
Basti und Milla stellen das Handy aus.
Nun wird der Arzt Flummi helfen.

Frau Petersen hetzt zum Tierarzt in
der Nachbarschaft.
Sie steht vor verschlossener Tür und liest den Zettel.
„Wie bitte?", spricht sie mit sich selbst.
„Aber, aber ... ich verstehe das nicht."
Sie schaut sich um. Wo ist Flummi?
Was ist passiert?
Sie ruft Basti an.
Bestimmt kann er erklären, was los ist.
Doch Basti geht nicht ran.
Frau Petersen ist ratlos. Was ist mit Basti?
Zur Sicherheit hat sie ja auch noch
die Nummer von Millas Mama.
Sie ruft bei der Frau an.
Aber auch Frau Nowak kann sie nicht erreichen.
Was ist mit den beiden passiert? ▸

Frau Petersen ist aufgeregt.
Wieso ruft niemand an?
Warum gibt ihr niemand Bescheid?

33

Fabio, Ben, Mara, Tim und Puschel warten
vor der Tür.
Hoffentlich geht es Flummi bald besser.
Die vier erinnern sich an eigene Verletzungen.
Mara hat sich mal an einem Kaktus gestochen.
Tim hat sich schon mal in den Finger geschnitten.
Milla hat sich einen Fuß verdreht.
Fabio war als Fußballprofi sehr oft verletzt.
Er erzählt von den Narben an seinen Beinen.
„Das hier war ein fieses Foul."
„Das hier war ein Zusammenstoß mit dem Pfosten."
„Das war im Pokalfinale", erinnert sich Fabio.
Er streicht über eine besonders große Narbe
am Knie.
„Ich sprinte vor das Tor. Der Ball kommt perfekt
geflogen." Fabios Augen glänzen beim Erzählen.
Ein Gegner will Fabio stoppen.
Sie steigen gemeinsam hoch.
Fabios Position zum Ball ist besser.
Er wird gleich einen Kopfballtreffer landen. ▸

Da erwischt Fabio etwas.
Er fällt zu Boden.
Es knackst im Knie.

Alle hören aufmerksam zu.

Zum Glück hat es bei ihnen noch nie geknackst.

Fabio weiß, das ist etwas Ernstes. Darum gibt er
sofort das Zeichen zum Auswechseln.

Schon liegt er auf der Trage.

Kurz darauf wird er im Krankhaus operiert.

Fabio schweigt eine Weile, dann sagt er:

„Das war damals mein letztes Spiel als Profi."

Mara versteht das nicht. Er spielt doch auch bei
der tollsten Fußballmannschaft der Welt mit!

Er zeigt ihnen regelmäßig seine tollen Tricks.

„Das Knie war gesund, aber ich war damit
für unsere Mannschaft nicht mehr schnell genug.

So steckt hinter jeder Narbe eine Geschichte",
sagt Fabio und lässt das Hosenbein wieder runter.

Alle schauen nachdenklich. ▸

„Wir haben damals gewonnen.
Das ist das schöne Ende",
sagt Fabio und lächelt.

Basti und Milla sind aufgeregt.
Gleich wird der Arzt sagen, was mit Flummi los ist.
„Das müssen wir operieren!", sagt er.
„Der Splitter steckt zu tief im Fleisch."
Basti wird ganz bleich vor Schreck.
„O... o... operieren?", stottert er.
Flummi muss operiert werden?
Milla zuckt mit den Schultern. „Was muss, das muss!"
Die beiden warten so lange im Wartezimmer.
„Es geht uns gut!", krächzt der Papagei. „Dummkopf!"
Jetzt bemerkt Basti, dass gelber Glibber in den
Augen des Papageis klebt.
„Seit er fast nichts mehr sieht,
plappert er noch mehr", grinst das Mädchen.
Da stürmt Frau Petersen in den Raum.
„Wo ist Flummi?", fragt sie.
Sie dreht sich in alle Richtungen. „Wo? Wo?" ▸

Ihre weißen Locken flattern
durch die Luft.
Genauso wie die Ohren
von Flummi, denkt Basti.

39

Milla zeigt auf die Tür hinter sich
und erzählt, wie alles gekommen ist.
Ihr sitzt der Schreck jetzt noch in den Knochen.
„Und alles nur wegen einer kaputten Glasflasche!",
schimpft Basti.
Er überlässt Frau Petersen seinen Platz.
Er erklärt, dass er so aufgeregt war,
dass er nur an Flummi gedacht hat.
Darum hat er vergessen, sie anzurufen.
Da öffnet sich die Tür und der Arzt kommt rein.
Er trägt Flummi in den Armen.
Flummis Pfote steckt in einem dicken Verband.
Frau Petersen nimmt ihn sofort entgegen.
Milla gibt den anderen draußen schnell ein Zeichen.
Alle stürmen in den Raum und begrüßen Flummi,
als hätten sie ihn seit Wochen nicht gesehen. ▶

„Der Kleine hat viele Freunde",
staunt der Arzt und lacht.
Basti grinst. „Stimmt!"
Der Arzt macht von allen ein Foto.

FUSSBALL OHNE FLUMMI?

Auch Frau Petersen freut sich, dass sich alle
für Flummi eingesetzt haben.
Sie legt ihren Kopf an Flummis Kopf.
Aber sie ärgert sich auch.
Es war wirklich doof, dass sie niemand
angerufen hat. So musste sie mühsam alles
selbst herausbekommen.
Aber die Kinder können Flummi ja besuchen.
Natürlich!
Gleich am nächsten Tag wollen alle vorbeischauen.
Frau Petersen legt Flummi vorsichtig in seinen Korb
auf dem Rücksitz.
„Jetzt ist jedenfalls Schluss mit Fußball!", sagt sie
und fährt los.
Alle schauen sich erschrocken an. ▸

Was hat Frau Petersen gesagt?
Flummi darf nicht mehr spielen?
Aber Flummi gehört doch zu ihnen!
Sie müssen Frau Petersen
unbedingt umstimmen.

Am nächsten Tag steht die komplette Mannschaft
vor Frau Petersens Wohnung.
Lasse und Robert sind auch dabei.
Obwohl Lasse noch hustet, will er helfen,
Frau Petersen zu überreden.
Als Frau Petersen öffnet, kommt Flummi angehumpelt.
Basti gibt seiner Nachbarin den Besuchsplan.
Flummi soll jeden Tag Gesellschaft haben.
Und Flummi muss unbedingt wieder mitspielen.
„Auf keinen Fall!", protestiert Frau Petersen.
„Aber die tollste Fußballmannschaft der Welt
ohne Flummi, das ist wie ..."
Basti sucht nach einem passenden Vergleich.
„Das ist wie Fußball ohne Ball", springt Lasse ein.
„Oder wie ein Tor ohne Torwart", sagt Mara.
„Oder wie Milchreis ohne Zimt und Zucker",
findet Milla.
Frau Petersen stutzt. Sie denkt nach. ▶

44

Basti sagt:
„Ohne Flummi sind wir
einfach nicht mehr die
tollste Fußballmannschaft der Welt!"

45

Frau Petersen schüttelt den Kopf.

So was soll nie wieder passieren.

Es bleibt dabei: kein Fußball mehr für Flummi.

Ihre Entscheidung steht fest.

Mara setzt sich neben Frau Petersen.

Sie erzählt von ihren Rettungsaktionen im Tor.

Sie beschreibt, wie oft sie sich langmachen muss,

um noch an den Ball zu kommen.

Da landet sie häufig auf dem Boden.

Aber auch alle anderen fallen mal ins Gras.

Niemand will, dass sich noch jemand

an so einer blöden Scherbe verletzt.

Mara breitet ihre Arme aus,

wie sie es auch im Tor macht.

„Also entfernen wir alle Scherben von unserer Wiese.

Dann kann auch Flummi nichts mehr passieren." ▶

Frau Petersen streichelt Flummi.
Alle warten auf ihre Antwort.
Flummi wedelt mit dem Schwanz.
Lasse hustet.

Die Mannschaft kann das Schweigen von
Frau Petersen kaum aushalten.
Warum denkt sie so lange nach?
„Einverstanden!", sagt Frau Petersen.
„Ich begleite euch, aber Flummi kommt
im Körbchen mit."
„Super", ruft Mara. „Flummi bleibt bei uns!"
Alle freuen sich und klatschen mit Mara ab.
Bald wird Flummi wieder mit ihnen spielen.
Entschlossen marschieren sie direkt zur Wiese.
Dort untersuchen sie gemeinsam Stück für Stück.
Kein Splitter soll ihnen entgehen.
Aber was ist hier los?
Jeder entdeckt spitze Splitter und scharfe Scherben.
Da hören sie wieder Flaschen klirren.
Eine zerschellt auf dem Weg. ▸

Ein Junge wirft eine Flasche
achtlos weg.
Er läuft an ihrer Wiese vorbei.
Basti bemerkt ihn und ruft:
„Halt! Stehen bleiben!"

„Richtig so, Basti!", ruft Frau Petersen.
Basti rennt auf den Jungen zu,
Frau Petersen folgt ihm schnell.
Sie hat Flummi bei sich.
Der Typ will weiterlaufen.
Ein Junge wie Basti hat ihm nichts zu sagen.
Rechtzeitig erreicht Frau Petersen die beiden und
stellt sich dem Jungen in den Weg.
„Alles ist voller Scherben!", schimpft Frau Petersen.
„Die Hunde und die Kinder können sich schwer
verletzen!"
Sie zeigt auf Flummis Verband.
„Und deshalb machen Sie jetzt hier mit sauber!"
Der Junge ist völlig überrascht.
Er will widersprechen, sagt dann aber nichts.
Inzwischen stehen auch alle anderen bei ihm. ▸

Der Junge nickt und steckt
zwei Finger in den Mund.
Er pfeift und winkt die beiden
anderen Jungs zu sich.

51

Die beiden Jungs bewegen sich langsam
von der Parkbank zu ihnen.
Sie sind 16 oder 17 Jahre alt.
„Was ist denn?", fragt der eine.
Basti zeigt ihm zwei große Scherben,
die er gefunden hat.
Er erklärt, dass die ganze Wiese von ihren
Flaschenscherben voll ist.
Die Jungs schütteln den Kopf.
Gerade, als der eine wieder umdrehen will,
befiehlt Frau Petersen in scharfem Ton:
„Sauber machen! Keine Widerrede!"▸

Ein Jogger kommt vorbei und
bleibt neugierig stehen.
Die Mannschaft schließt
den Kreis um die Jungs.

DIE SAMMELAKTION

„Die Scherben da sind nicht von uns", behauptet
der eine Junge steif und fest.
„Aber die Flasche dort! Die hast du da
hingeworfen!", weiß Basti.
Die Jungs bestreiten weiter, dass die Scherben
von ihren Flaschen stammen.
Aber sie sind trotzdem überrascht, wie viel Glas
Basti und die anderen schon aufgelesen haben.
Jeder weiß doch, wie gefährlich das sein kann!
„Und das ist noch lange nicht alles", erklärt Milla.
„Hier und da und da! Überall liegt noch mehr!"
Mara löst den Kreis auf und stößt den einen von der
Seite an.
„Also los, sammeln wir alles ein!", sagt sie.
„Wir brauchen so viele Augen wie möglich!"
Die Jungs machen mit. ▸

Die Parkbesucher bemerken
die Sammelaktion auf der Wiese.
Sie kommen dazu und helfen.
Stückchen für Stückchen
untersuchen alle die Wiese.

Kurz darauf sind fast fünfzig Menschen
auf ihrer Wiese.
Basti staunt.
Mit so viel Hilfe hätte er niemals gerechnet.
Einige gehen in einer Linie
und bilden eine Menschenkette!
So können sie jedes Fleckchen untersuchen.
Alle Fundstücke landen in Millas Tasche und
in einem Karton aus dem Papierkorb.
Sie finden grüne, braune und weiße Scherben.
Und:
einen Fingerring aus Plastik,
eine Schraube,
zwei Münzen,
einen Babyschnuller,
eine Haarspange.
Alle schauen ganz genau auf den Boden. ▸

Flummi reißt an der Leine.
Er will auch zwischen allen Beinen
hin und her laufen.
So wie es Puschel macht.

Jemand gibt Flummi ein Stück Wurst.

Flummi stürzt sich darauf.

Ein Kind gibt ihm ein Keks.

Flummi schnappt zu und schleckt sich die Schnauze.

Dann steht eine Familie bei Flummi.

Flummi wedelt aufgeregt mit dem Schwanz.

An seiner Schnauze hängen noch ein paar

Kekskrümel.

Das Mädchen winkt Basti zu sich.

Sie holt einen Spielknochen aus ihrer Tasche.

„Der war für unseren Fiffi, aber der hier braucht doch

ein Trostpflaster, oder?"

Basti nickt und freut sich.

Er findet, das ist eine sehr gute Idee.

So ist Flummi abgelenkt.

Die Sammelaktion wird ein voller Erfolg.

Die Wiese ist jetzt perfekt für ein Training! ▶

Natürlich spielt die Mannschaft
noch eine Runde.
Flummi muss
bei Frau Petersen sitzen.
Er kaut an seinem Knochen.

ENDLICH WIEDER DABEI

Vier Tage lang durfte Flummi nur zuschauen,
wie die anderen spielen.
Heute endlich zieht der Tierarzt die Fäden,
mit denen seine Wunde genäht wurde.
Dann braucht Flummi auch den Verband nicht mehr.
Und das Wichtigste:
Er kann endlich wieder mittrainieren.
Natürlich wird Flummi von seiner Mannschaft
begleitet.
Im Wartezimmer gibt es eine tolle Überraschung.
An einer Wand hängt ein großes neues Foto.
Darauf sind Flummi, Frau Petersen und seine Freunde
zu sehen.
Es ist das Erinnerungsfoto, das der Arzt gemacht hat.
„Schade, dass Robert und ich nicht dabei waren",
jammert Lasse.
„Aber Hauptsache, Flummi kann wieder springen!" ▸

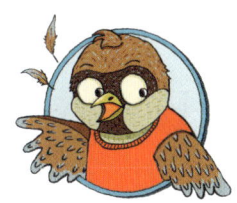

Über dem Foto steht in großen Buchstaben:
Freunde sind die beste Medizin!
„Wiff-wiff“, bellt Flummi, als er aus dem Arztzimmer gelaufen kommt.
„Wiff-wiff!“

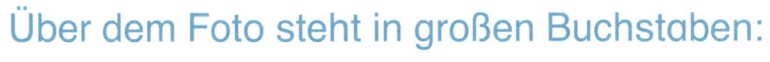

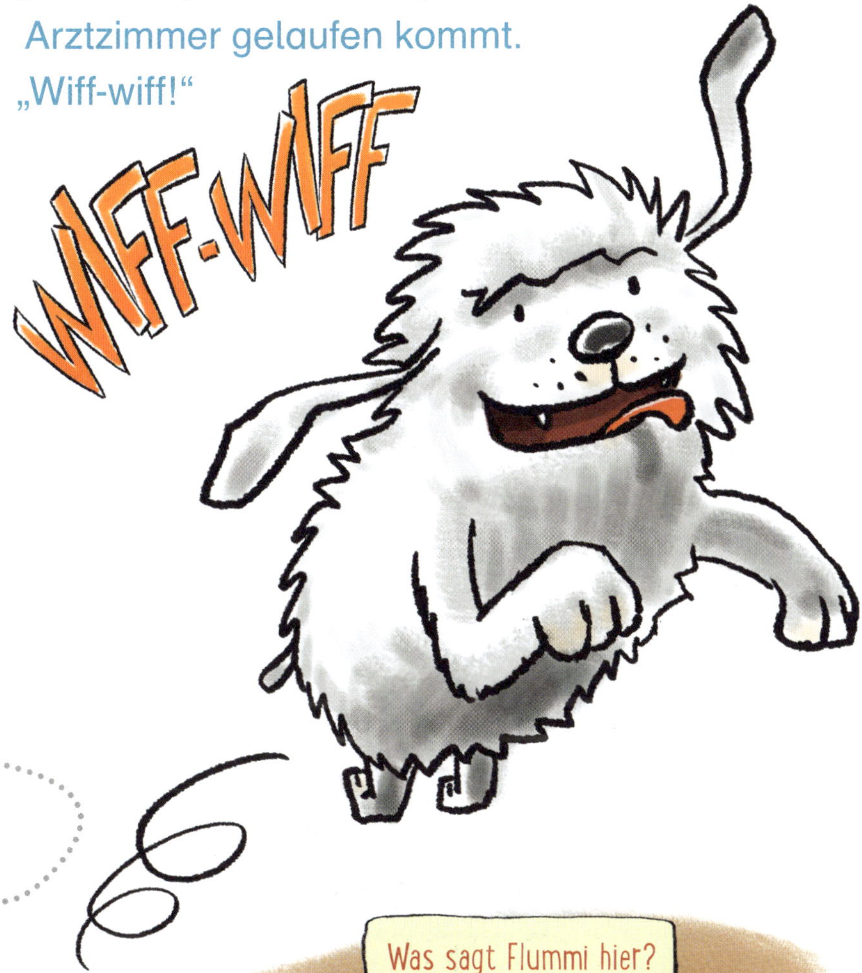
WIFF-WIFF

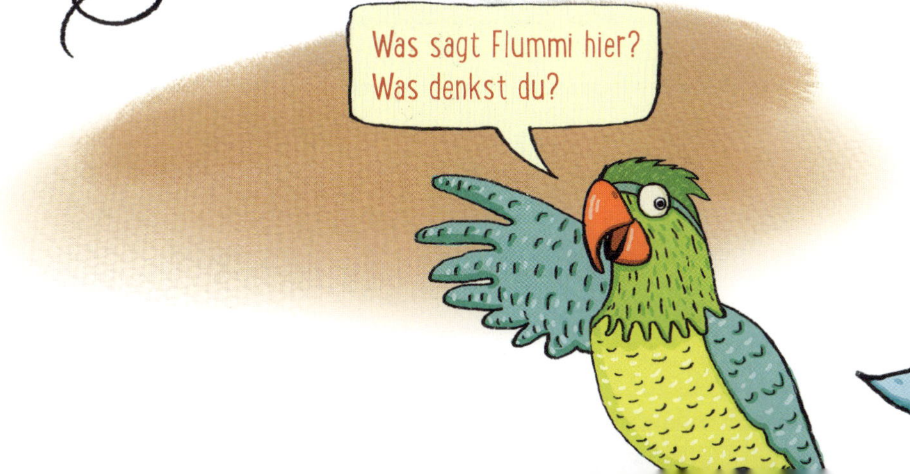
Was sagt Flummi hier?
Was denkst du?

Vor der Tür treibt Flummi den Ball nach vorn.
„Moment mal! Damit geht es erst auf der Wiese los!",
sagt Frau Petersen und nimmt Flummi den Ball weg.
„Oder willst du unter die Räder kommen?"
Frau Petersen hat recht, denkt Basti.
Viel zu leicht springt der Ball auf die Straße.
Und dann läuft Flummi sofort hinterher.
Das Problem ist:
Flummi bleibt nicht am Straßenrand stehen.
Er schaut sich auch nicht erst um,
bevor er die Straße überquert.
Das vergisst Flummi jedes Mal.
Am Eingang zum Park wirft Frau Petersen
ihm den Ball zu.
Vor wenigen Tagen war Flummi ein Häufchen Elend.
Jetzt rast er über die Wiese.
Puschel folgt ihm.
Auch die Mannschaft versucht, Flummi
auf den Fersen zu bleiben.

Milla schnauft.

Robert keucht.

Lasse hustet.

Ben und Mara holen Flummi ein.

Basti hilft Tim mit dem Rollstuhl

über den Kantstein.

Dann rennt auch er los.

Welche anderen Wörter
findest du für jemandem
auf den Fersen bleiben?

63

Natürlich gibt es erst mal ein Spiel.
„Flummi, nimm!", ruft Ben.
„Flummi hier!" Basti winkt.
„Flummi, lauf!", ruft Robert.
Alle freuen sich, dass Flummi wieder dabei ist.
Am Spielfeldrand bleiben einige Leute stehen.
Sie klatschen jedes Mal, wenn Flummi den Ball hat.
In einer kleinen Trinkpause sitzen alle zusammen.
Flummi liegt auf dem Rücken und rubbelt
sein Fell am Gras.
Basti sieht die Narbe an seiner Pfote.
Er erinnert sich daran, wie es passiert ist.
Aber Flummi verschwendet keinen Gedanken daran.
Schon stupst er alle mit seiner Schnauze an.
„Wiff-wiff!", ruft er und flitzt über den Rasen. ▸

„Die Pause ist vorbei",
sagt Basti.
Er macht sich sofort
zum Weiterspielen bereit.
Auch alle anderen folgen.

Das Training ist wieder in vollem Gange.
Mara und Tim stehen in den Toren bereit.
Ein Schuss nach dem anderen donnert
den beiden entgegen.
Sie halten gut.
Als Fabio an der Reihe ist, zeigt er plötzlich
zu Frau Petersen.
Mara lässt sich diesmal nicht ablenken.
Sie springt dem Ball entgegen.
Sie fängt ihn und fällt zu Boden.
Frau Petersen steht am Spielfeldrand vor einem Schild.
Fabio will wissen, was darauf steht.
„Alle mal herkommen!", ruft er und lacht.
Alle laufen zu ihm und staunen.
Auf dem Schild steht:
Diese Wiese bitte sauber halten!
Für die tollste Fußballmannschaft der Welt!

„Das seid ihr doch, oder?",
fragt Frau Petersen.
Sie klopft stolz auf ihr Schild.
„Wiff-wiff", bestätigt Flummi.
„Wuff-wuff", stimmt Puschel zu.

Diese Wiese
bitte sauber halten!
Für die tollste
Fußballmannschaft
der Welt!

Mit dem Papagei
lesen, rätseln, mitmachen!

Immer wieder passiert es ...

Beim Training oder mitten im Spiel – sie tauchen plötzlich am Spielfeldrand auf und wollen mitspielen. Vierbeiner rasen quer über den Platz oder Vögel fliegen im Kreis vor einem der Tore. Hunde, Katzen, Marder oder diese Eule hier bescheren Spielern und Helfern eine besondere Aufwärm-Übung. Sie heißt „Tier-Einfangen". Und das ist gar nicht so leicht.
Übrigens: Eine Kuh war auch schon mal dabei.

© imago/MIS

Findest du Gegensätze?

Verbinde die Gegensatzpaare.

gesund	warm
weiß	freuen
kalt	leise
laut	verlieren
widersprechen	zustimmen
voll	Nacht
finden	trödeln
trauern	leer
Tag	krank
hetzen	schwarz

Wortspiel:

Wer macht das?
Ordne jedem Wort eines der Tiere zu.

Katze   Hund   Vogel

knurren   krächzen   tschilpen

zischen   schnurren   piepsen

heulen   jaulen

maunzen

fauchen   fiepen

zwitschern

Erzähl mal!

Welche Fundstücke hast du schon auf einer Wiese oder auf dem Gehweg entdeckt?

Was hast du mit den Fundstücken gemacht?

Rätsel:

**Welches Wort passt nicht in die Reihe?
Kreuze es an.**

1. ○ a) rennen ○ b) schlafen ○ c) wandern
   ○ d) schlendern

2. ○ a) Überraschung ○ b) Verwunderung ○ c) Erstaunen
   ○ d) Vergessen

3. ○ a) aufschreiben ○ b) erinnern ○ c) nachdenken
   ○ d) grübeln

4. ○ a) Pfote ○ b) Tatze ○ c) Pranke ○ d) Hand
   ○ e) Klaue

5. ○ a) Splitter ○ b) Scherbe ○ c) Blumentopf
   ○ d) Bruchstück

6. ○ a) Narbe ○ b) Farbe ○ c) Schramme ○ d) Wunde

7. ○ a) Verband ○ b) Pickel ○ c) Binde ○ d) Wickel

8. ○ a) sammeln ○ b) zusammenlegen ○ c) anhäufen
   ○ d) wegschmeißen

Lösungen: 1b | 2d | 3a | 4d | 5c | 6b | 7b | 8d

Teste dein Gedächtnis:

Wie bellt Flummi?
Wie bellt Puschel?

Richtig oder falsch?

Markiere jeden Satz mit einem Kreuz unter richtig oder falsch.	richtig	falsch
1. Handys sind im Arztzimmer nicht erlaubt.		
2. Spinnen haben keine Haare an den Beinen.		
3. Fußballprofis verletzen sich sehr selten.		
4. Mit Fieber darf man nicht trainieren.		
5. Der Anstoß beim Fußball ist von der Seitenlinie.		

73

Schau genau!

1

Seite: _____

2

Seite: _____

3

Seite: _____

Auf welcher Seite findest du diesen Bildausschnitt?

Steckbrief:
IRENE MARGIL

Diese Geschichte hat sich Irene Margil ausgedacht.
Sie hat schon viele Bücher geschrieben, darunter auch
viele Fußballbücher. Am liebsten denkt sie sich die
Geschichten beim Laufen oder beim Schwimmen aus.
Sie lebt und arbeitet in Hamburg.

Viele weitere Informationen findest du unter:
www.irenemargil.de und www.gemeinsam-lesen.de

Steckbrief:
MARKUS GROLIK

Markus Grolik wurde 1965 geboren. Nach einer Ausbildung
zum Modegrafiker studierte er Kunsterziehung in München.
Er schreibt und illustriert Kinderbücher – und Vater von zwei
Kindern ist er auch noch.

Lustiger Le

€(D) 7,99 | €(A) 8,30

Gemeinsam lesen

Schule KUNTERBUNT

CARLSEN

€(D) 7,99 | €(A) 8,30

Gemeinsam lesen

Irene Margil • Markus Grolik

Die tollste Fußballmannschaft der Welt beim Tierarzt

CARLSEN

se-Spaß!

Lesenlernen mit

Heiko Wolz · Zapf

Mein erster Profi-Vertrag!

Also fast...

CARLSEN

Lesenlernen mit

Susanne Fülscher
Kristina Nowothnig

Miss Elli legt los

CARLSEN